BEI GRIN MACHT SICH IHR WISSEN BEZAHLT

- Wir veröffentlichen Ihre Hausarbeit,
  Bachelor- und Masterarbeit

- Ihr eigenes eBook und Buch -
  weltweit in allen wichtigen Shops

- Verdienen Sie an jedem Verkauf

Jetzt bei www.GRIN.com hochladen
und kostenlos publizieren

Qualitative Verfahren. Eine Vertiefung zum wissenschaftlichen Arbeiten

Julian Kornelli

Bibliografische Information der Deutschen Nationalbibliothek:

Die Deutsche Nationalbibliothek verzeichnet diese Publikation in der Deutschen Nationalbibliografie; detaillierte bibliografische Daten sind im Internet über http://dnb.d-nb.de abrufbar.

ISBN: 9783346434661
Dieses Buch ist auch als E-Book erhältlich.

© GRIN Publishing GmbH
Nymphenburger Straße 86
80636 München

Druck und Bindung: Books on Demand GmbH, Norderstedt Germany
Gedruckt auf säurefreiem Papier aus verantwortungsvollen Quellen

Das vorliegende Werk wurde sorgfältig erarbeitet. Dennoch übernehmen Autoren und Verlag für die Richtigkeit von Angaben, Hinweisen, Links und Ratschlägen sowie eventuelle Druckfehler keine Haftung.

Das Buch bei GRIN: https://www.grin.com/document/1030479

Einsendeaufgabe

Wissenschaftliches Arbeiten – Vertiefung

Alternative A (Qualitative Verfahren)

Modul: Wissenschaftliches Arbeiten – Vertiefung

Studiengang: Betriebswirtschaft und Management

Von: Julian Kornelli

Datum: 16.02.2021

Inhaltsverzeichnis

Abkürzungsverzeichnis

bspw.	beispielsweise
bzw.	beziehungsweise
ca.	circa
d.h.	das heißt
etc.	et cetera
ggf.	gegebenenfalls
KKH	Kaufmännische Krankenkasse
Mio.	Millionen
o.g.	oben genannt
sog.	sogenannte
z.B.	zum Beispiel

Abbildungsverzeichnis

1. Aufgabe A1: Qualitativer Interviewleitfaden

Die Teilaufgabe A1 zur Einsendeaufgabe beinhaltet die Operationalisierung des Konstruktes Unternehmensreputation sowie die Konzeption eines vollständigen qualitativen Interviewleitfadens. Mit der Methode des Interviewleitfadens soll eine Befragung der drei wichtigsten Stakeholder des Unternehmens durchgeführt werden. Das Unternehmen ist hier die Kaufmännische Krankenkasse.

1.1 Konzeption eines qualitativen Interviewleitfadens

Die empirische Sozialforschung sammelt verschiedene Techniken und Methoden zur wissenschaftlichen Untersuchung sozialer Phänomene. Zwei zentrale Zugänge, welche differenziert werden, sind die qualitative und quantitative Sozialforschung. In dieser Teilaufgabe ist die qualitative Forschung von besonderer Bedeutung. So hat diese das Ziel, die bestimmten Phänomene oder neue Forschungsgebiete zu bearbeiten und sie befasst sich mit der Analyse von subjektiven Wirklichkeiten bzw. Sinnkonstruktionen, individuellen Sichtweisen, Meinungen und Motiven.[1]

Das Interview ist ein wichtiger Bestandteil der menschlichen Interaktion und reflektiert die Kommunikation. Interviews können anhand ihres Standardisierungsgrades unterschieden werden. So wird das standardisierte Interview zu den quantitativen Methoden gezählt und das halbstandardisierte sowie freie Interview zur qualitativen Forschungsmethode. Das zentrale Steuerungsinstrument des halbstandardisierten Interviews ist der Interviewleitfaden.[2] Dieser beinhaltet offene vorformulierte Primärfragen, aber auch offene Sekundärfragen, die bei Bedarf gestellt werden können. Die Grobstruktur von wörtlich wiedergegebenen Fragen können ggf. in der

---

[1] Vgl. Misoch, S. (2019), S. 2
[2] Vgl. Misoch, S. (2015), S. 65

Reihenfolge angepasst werden, sichern die Mindestanforderungen und verhindert das Abschweifen vom Thema. Im Gegensatz dazu ist das freie Interview durch ein Minimum an Standardisierung und ein Maximum an Handlungsspielraum geprägt.[3]

Des Weiteren strukturiert der Leitfaden den Prozess der Datenerhebung und dient gleichzeitig als Gerüst für die Datenauswertung. Dadurch enthält man ein Gerüst für Datenerhebung und Datenanalyse, welches das Ergebnis unterschiedlicher Interviews vergleichbar macht.[4]

1.2 Die Unternehmensreputation

1.2.1 Begriffserklärung

„Reputation" ist im alltäglichen Sprachgebrauch ein weit verbreiteter Begriff und leitet sich etymologisch aus dem lateinischen Wort „reputatio" ab. Übersetzt bedeutet es „Berechnung bzw. Erwägung". Folgt man dem französischen Soziologen Pierre Félix Bourdieu wird Reputation als imaginäres Vermögen verstanden. Eine exakte Definition des Konstrukts Unternehmensreputation kann hier nicht erbracht werden, da unterschiedliche Autoren verschiedene Herangehensweisen für die Begriffserklärung nutzen.[5] Laut Eisenegger wird Unternehmensreputation als „das öffentliche Ansehen, das eine Person, Institution, Organisation oder allgemeiner ein öffentliches (Kollektiv-) Subjekt mittel- oder langfristig genießt und das aus der Diffusion von Prestigeinformationen an unbekannte Dritte über den Geltungsbereich persönlicher Sozialnetze heraus resultiert."[6] Abschließend ist zu erwähnen, dass

---

[3] Vgl. Lehmann, G. (2004), S. 7-9
[4] Vgl. Reinhardt, R./Ornau, F. /Tennert, F. (2020), S. 17
[5] Vgl. Ivens, S. (2018), S. 9
[6] Vgl. Eisenegger, M. (2005), S. 3

eine gute Reputation eine wichtige Voraussetzung für das Zusammenleben in der Gesellschaft und für das Überleben und den Erfolg eines Unternehmens ist.[7]

1.2.2 Operationalisierung des Konstrukts

Für die Erarbeitung und Konstruktion des Interviewleitfadens ist die Operationalisierung des Konstrukts „Unternehmensreputation" erforderlich. Hierzu findet das von Mark Eisenegger 2005 entwickelte Modell zur Messung der Reputation eines Unternehmens Anwendung. Die Dimensionen werden unterschieden in funktionale, soziale und expressive Reputation:

- Die **funktionale Reputation** misst sich in der Wirtschaft beispielsweise daran, wie profitabel ein Unternehmen, eine Abteilung oder der Einzelne wirtschaftet. So müssen die entsprechende Kompetenz und die damit verbundenen Erfolge unter Beweis gestellt werden.
- „Zweitens muss sich der Reputationsträger in der sozialen Welt bewähren. Entscheidend ist also, ob er gesellschaftliche Normen und Werte einhält. Das ist die sogenannte **soziale Reputation**."
- Bei der **expressiven Reputation** rückt die individuelle Welt des Akteurs selbst in den Fokus. Bedeutsam ist hierbei die Frage, wie einzigartig jemand ist und welche emotionale Attraktivität und Faszinationskraft von ihm ausgeht.

Alle Reputationen sind wichtig, doch letztere hat den größten Wert. Nur damit gelingt es, Zielgruppen zu mobilisieren oder langfristig zu binden.[8]

---

[7] Vgl. Ivens, S. (2018), S. 27
[8] Vgl. WirtschaftsWoche (2008)

1.3 Das Interview

1.3.1 Konzeption des qualitativen Interviewleitfadens

Auf der Basis von Fragestellungen und theoretischem Vorwissen entwickelt sich der Interviewleitfaden. Er fungiert als zentrales Steuerungs- und Strukturierungselement und bildet den „roten Faden" zur Erhebung der qualitativen, verbalen Daten. Somit ist der Interviewleitfaden das Gerüst für die Datenerhebung. Für eine Interviewsituation stellt der Leitfaden ein anzuwendendes Frageschema dar, welches mehr oder weniger flexibel aufgebaut und dynamisch ist. Die Fragen können im Vorfeld genau formuliert werden oder in offener, stichwortartiger Form vorliegen. Die Reihenfolge der Fragestellung ist dem Interviewenden freigestellt, wobei entsprechend der Zugänglichkeit in der Interviewsituation gehandelt werden sollte.

Der Gesprächsprozess soll inhaltlich gesteuert werden, um eine Vergleichbarkeit der Daten sicherzustellen. Dennoch sollte der Leitfaden trotz thematischer Steuerung genügend Kapazität für neue Erkenntnisse haben.[9]

Zielführend soll man die Konstruktion des qualitativen Interviewleitfadens zum Thema Unternehmensreputation als Interview an einer ausgewählten Person einsetzen. Die drei Dimensionen von Eisenegger bilden die Konstruktion des Leitfadens.

1.3.2 Vorbereitung, Aufbau und Durchführung des Interviews

Offenheit, Prozesshaftigkeit und Kommunikation sind die drei Grundprinzipien der qualitativen Forschung, um einen Interviewleitfaden zu erstellen.[10]

---

[9] Vgl. Misoch, S. (2015), S. 66
[10] Vgl. Misoch, S. (2015), S. 66-68

Bevor ein Interview durchgeführt wird, müssen im Vorfeld einige organisatorische Fragen geregelt und Vorbereitungen getroffen werden. Die Fragen, die geklärt werden müssen sind z.B.:

- „Welche Zugangsmöglichkeiten zum sozialen Feld bieten sich („Gatekeepers")?
- Auf welche Weise kann die Kontaktaufnahme bereits zur Informationsgenerierung beitragen?
- Wer soll das Interview durchführen?
- Wer sind mögliche Gesprächspartner und wie werden sie ausgewählt?
- Auseinandersetzung mit dem Interviewgebiet."[11]

Des Weiteren können vor den relevanten Interviews Pretests durchgeführt werden, um Funktionalität, Verständlichkeit und Schwierigkeit der Fragen zu testen und eventuelle Anpassungen und Veränderungen im Leitfaden vornehmen zu können.[12] Außerdem soll geklärt werden, wann und wo das Interview durchgeführt werden soll. Zudem ist technisches Equipment nötig, wie bspw. ein Aufnahmegerät, Kamera, Mikrofon, Licht, etc., um auch eine gute Aufzeichnung zu haben und ggf. das Interview im Nachgang zu transkribieren und zu dokumentieren.[13] Eine gute Vorbereitung bildet somit die Grundlage.

Das Interview wird dann in vier Phasen aufgeteilt:

1. Nach der Begrüßung und Vorstellung kommt die erste Phase. Die sog. **Informationsphase.** Der Interviewte bekommt hier Informationen über die Studie und Zielsetzung. Zusätzlich wird durch eine schriftliche Einverständniserklärung des Interviewten die vertrauliche Behandlung der Daten zugesichert.

2. In der anschließenden **Aufwärm- und Einstiegsphase** soll dem Befragten die Unsicherheit genommen werden. Dies geschieht durch offene Fragestellungen, die die interviewte Person zum Reden animieren sollen. So kann von Anfang an eine angenehme und vertrauliche Gesprächsatmosphäre geschaffen werden, in der dem Interviewten vermittelt wird, dass es keine falschen oder richtigen Fragen gibt.

---

[11] Vgl. Reinhardt, R./Ornau, F./Tennert, F. (2020), S. 40
[12] Vgl. Berger-Grabner, D. (2016), S. 134
[13] Vgl. Zeit für die Schule (2021)

3. In der **Hauptphase** kommt es nun in einem kommunikativen Austausch zu den relevanten Themenbereichen. Diese werden angesprochen und sollen strukturiert durch den Leitfaden abgefragt werden.

4. Nachdem die Themenkomplexe durchgearbeitet wurden, beginnt die **Ausklang- und Abschlussphase**. Hier wird das leitfadengestützte Interview beendet. Man versucht den Befragten aus der Befragungssituation sanft hinauszuführen. Man lässt das Interview nochmals kurz Revue passieren, um eventuelle noch nicht angesprochene Themen zu verbalisieren. Der Teilnehmer soll von der Interviewsituation zurück in die Alltagssituation finden.[14]

Nach diesen Phasen endet das Interview mit einer Verabschiedung und einem Dankeschön.

1.3.3 Auswahl der Stakeholder

Stakeholder beeinflussen den Erfolg eines Unternehmens. Um Risiken zu minimieren, sollte auf der Grundlage eines Stakeholder-Konzepts jedes Unternehmen Stakeholder-Management betreiben. „Mit Stakeholder (auch Anspruchsgruppen) werden alle Personen, Gruppen oder Institutionen bezeichnet, die von den Aktivitäten eines Unternehmens direkt oder indirekt betroffen sind oder die irgendein Interesse an diesen Aktivitäten haben. Die Stakeholder versuchen auf das Unternehmen Einfluss zu nehmen."[15] Diese können Mitarbeiter, Eigentümer, Lieferanten, Kunden, Mitbewerber, etc. sein.

Die Kaufmännische Krankenkasse gilt in Deutschland zu den leistungsstarken Trägern der gesetzlichen Krankenversicherung und zählt damit zu den größten Krankenkassen. Die KKH entwickelt zukunftsweisende Gesundheitsprogramme und unterstützt ihre Versicherten konsequent bei der Entwicklung gesundheitsförderlicher Lebensstile. Für das Interview wurden als wichtigste

---

[14] Vgl. Misoch, S (2019), S. 68
[15] Vgl. Fleig, J. (2016)

Stakeholder die Mitarbeiter, Kunden und Projektsponsoren ausgewählt, da sie am einflussreichsten auf das Unternehmen sind.[16]

1.3.4 Fallauswahl

Mit 1,6 Mio. Versicherten und 3.900 Mitarbeitern in Servicestellen, regionalen Kompetenzzentren und der Hauptverwaltung ist die KKH ein riesiges Unternehmen und es wird deshalb in Bezug auf die vorliegende Forschungsfrage mit einer Stichprobe gearbeitet. „Da qualitative Forschung nicht prinzipiell darauf abzielt, allgemeingültige Aussagen über die untersuchten Personen hinaus zu treffen, sondern vielmehr das Ziel hat, komplexe Lebenswelten und Fragestellungen der Interaktion angemessen zu untersuchen und zu beschreiben, muss auch bei der Wahl der Stichprobe nicht unbedingt versucht werden, Repräsentativität für eine Grundgesamtheit zu erreichen. Ziel des Stichprobensamplings sollte es vielmehr sein, eine möglichst heterogene, in den relevanten Merkmalen maximal kontrastierte und somit informative Gruppe von Personen für die Untersuchung zu gewinnen."[17] Das Interview soll mit den zwei wichtigsten Stakeholdern durchgeführt werden. Es wird eine bewusste Auswahl getroffen, die in Form einer speziellen Zielgruppe gleicht. Zudem werden 40 Versicherte, 20 Mitarbeiter und 5 Sponsoren befragt. Unterschieden werden hier Alter, Einkommen, Geschlecht, Krankenstand und Versicherungsdauer. Bei den Mitarbeitern wird noch drauf geachtet, dass diese aus unterschiedlichen Bereichen stammen, unterschiedliche Vergütungsgruppen beziehen und eine unterschiedlich lange Betriebszugehörigkeit aufweisen.

---

[16] Vgl. KKH (2021)
[17] Vgl. Petrucci, M., Wirtz, M. (2007)

2. Aufgabe A2: Gruppenbasiertes Interviewverfahren

2.1 Wesentliche Merkmale

Das Gruppeninterview ist wie ein Telefoninterview eine Sonderform des standardisierten Interviews. Es ist eine Methode der empirischen Forschung, bei der mehrere Personen gleichzeitig befragt werden. Der Verlauf eines gruppenbasierten Interviews ähnelt dem strukturierten Leitfadeninterview sehr. Der Interviewer hat eine Themenliste, die vorab erstellt worden ist und abgearbeitet werden soll.[18]

Die Effektivität des Interviews hängt einerseits von der Qualität des Gesprächleitfadens und andererseits von den Fähigkeiten des Moderators ab. Seine Aufgabe besteht darin, die Diskussion anzuregen und den Gedankenaustausch zu stimulieren. Hierbei kann dann im Gegensatz zum Einzelinterview erkannt werden, welche sozialen Beziehungen innerhalb der Gruppe bestehen.[19]

Wichtige Merkmale bzw. Kompetenzen, die von der Personalführung während eines Interviews festgestellt werden, sind:

- **Teamfähigkeit:** Durch Gruppenarbeiten wird getestet, wie gut sich die Interviewteilnehmer im Team zurechtfinden und ob sie in das Team der freien Vakanz passen.
- **Selbstbewusstsein:** Speziell in Gruppendiskussionen ist gut zu erkennen, welche Teilnehmer sich selbstbewusst zeigen. Der Interviewer erkennt, wer vor neuen, ungewohnten Situationen nicht zurückschreckt.
- **Kommunikationsfähigkeit:** In Einzelgesprächen und Argumentationen ist es wichtig, kommunikativ zu sein. Mit klaren und deutlichen Ausdrucksweisen können Probleme vermieden werden.

---

[18] Vgl. Reinhardt, R./Ornau, F. /Tennert, F. (2020), S. 15
[19] Vgl. Feidel, M. (2019)

- **Lösungsorientierung:** Lösungswege werden vom Interviewer gesucht. Denn im späteren Berufsleben ist es bedeutsam, bei Problemen eine Lösung zu finden.
- **Führungsqualitäten:** Teilnehmer können Führungsqualitäten zeigen, indem sie versuchen die Gruppe zu leiten.[20]

2.2 Anwendungsfelder

Gruppeninterviews werden oft in der Marktforschung, in der Kommunikationsforschung oder in der Organisationsforschung angewendet. Sie werden eingesetzt, wenn es sich bspw. um die Einführung neuer Produkte, veränderte Produktnamen neuer Produktverpackungen oder um die Bedürfnisse und Motivation von Nutzern geht. Normalerweise werden fünf bis zehn Interviewpartner zum Gruppeninterview gebeten. Mehr Teilnehmer sollten es nicht sein, da die Interaktionsbeziehungen zwischen den Teilnehmern zu komplex werden können und manche eventuell nicht zu Wort kommen. Die Diskussionen werden grundsätzlich auditiv oder audiovisuell aufgezeichnet.[21]

Zahlreiche Beispiele, bei denen Gruppeninterviews angewendet werden, zeigt folgende Darstellung:

- Aufdeckung und Verständnis von Bedürfnissen, Werthaltungen, Motiven, Anforderungen und Konflikten (Consumer Insights),
- Brainstorming/Ideensammlung/Kreation z. B. zur Entwicklung von neuen Konzepten, Produkten oder Werbeideen,
- Akzeptanzabschätzung neuer Produkt- oder Dienstleistungskonzepte (in verschiedenen Realisierungsphasen),
- Generierung und Evaluation relevanter Items (z. B. Image- und Leistungsdimensionen) z. B. zur (quantitativen) Fragebogenentwicklung,
- Exploration von Erfahrungs- und Erlebnishintergründen z. B. bei Usage/Attitude-Fragestellungen,
- Einschätzung und Visualisierung der Produkt-Usability,
- Optimierung und Fine-Tuning von Werbe- und Produktkonzepten,
- Evaluation von Mitarbeiter- oder Kundenzufriedenheit,
- Markenkern- und Markenidentitätsanalysen,
- Evaluation von Markenimages verschiedener Anbieter einer Branche,
- Ermittlung der Positionierung von Produkten, Dienstleistungen und Marken.

---

[20] Vgl. Bettenhausen, M. (2020)
[21] Vgl. Brosius, H.-B./Hass, A./Koschel, F. (2012), S. 108

Abbildung 1: Einsatzbereich von Gruppeninterviews in der Marktforschung

(Quelle: Kühn, T., K, K.-V. (2017). Gruppendiskussion: Ein Praxishandbuch, Wiesbaden)

2.3 Vor- und Nachteile

Gruppendiskussionen haben sowohl Vor- als auch Nachteile.

Vorteile sind z.B.:

- Der erste Vorteil ist u.a. der ökonomische Aspekt dieser Erhebungsmethode. Im Vergleich zu anderen ist die Gruppendiskussion preiswert und nicht sehr zeitintensiv.
- Des Weiteren können durch alltägliche Gesprächsrunden spontane und freie Meinungen und Einstellungen der Teilnehmer erfasst werden.
- Auch die flexible Anpassung des Untersuchungsgegenstands ist je nach spezifischer Zielgruppe vorteilhaft.
- Zudem gibt es vielfältige Einsatzmöglichkeiten, wie kreative Techniken, Filme oder Stimulierungsmaterial.
- Unter den Teilnehmern kann eine Dynamik entstehen, wenn Themen und Vorschläge wechselseitig aufgegriffen und weiterentwickelt werden. So ergeben sich neue Perspektiven und wertvolle Anregungen.

Schwierigkeiten liegen mehr in der Moderation der Gruppe und in einer „mangelnden" Vorbereitung. Deshalb sind Nachteile bspw.:

- „Einzelne Mitglieder können die Gruppe dominieren und somit die Erkenntnis verringern. Aufgrund der „sozialen Erwünschtheit" ist es möglich, dass die Antworten der Teilnehmer von deren reellen Meinung abweichen.

16

- Durch die Vielzahl an Meinungen und Diskussionsbeiträgen der Teilnehmer ist die Auswertung des Materials sehr aufwendig."
- Es gibt eine geringe Repräsentativität aufgrund der kleinen Fallzahl.[22]

2.4 Detaillierter Ablauf einer Gruppendiskussion

Eröffnet wird eine Gruppendiskussion mit einem „Grundreiz", auch „Erzählstimulus" genannt. Um neue Konzepte zu entwickeln, kann die Themenvergabe zum Start eine offene Frage, ein provozierendes Statement, vorgegebenes Material oder ein -auf widersprüchlichen Aussagen basierendes- „Dilemma" sein. Die Besonderheit dabei ist, dass die Interventionen und der Stimulus immer an die Gruppe und nicht an den Einzelnen gerichtet sind. Das bedeutet, dass die Teilnehmenden sich nicht direkt angesprochen fühlen sollen, sondern die Frage wird immer an alle „in den Raum" gestellt, selbst wenn einige Teilnehmer schweigen. Im Anschluss folgt die Themensondierung, welche verschiedene Techniken bietet und die je nach Anspruch dynamisch oder technisch verstanden werden kann. Dabei handelt es sich insbesondere um Fragen wie nach dem „Meinungsursprung", d.h. ob es um Einzel- oder Gruppenmeinungen geht, und die Rekapitulation, das ist die Zusammenfassung von Diskussionssträngen. Des Weiteren geht es um das Infragestellen des Gesagten bzw. das Kontrastieren, d.h. das Herausstellen verschiedener Meinungen oder das Aufzeigen der Konsequenzen als Fortführung des Gesagten. Damit möchte man eine weitergehende Diskursivierung anregen.

Empfehlenswert ist bei der Gruppendiskussion zudem ein Aufnahmegerät, welches einen Aufnahmeradius von 360 Grad besitzt. Es ist sinnvoll, bestimmte Vorkehrungen zu treffen, wie die Wahl des Raumes, die Sitzordnung oder die Positionierung des Aufnahmegeräts.[23]

---

[22] Vgl. Foerster, B. (2016)
[23] Vgl. Mey, G./Vock, R./Ruppel, P.-S.

3. Aufgabe A3: Gütekriterien in der qualitativen Forschung

In Aufgabenstellung A3 sollen die Gütekriterien der qualitativen Forschung thematisiert werden. Hierbei erörtert man, wie notwendig Gütekriterien sind. Danach werden vier relevante Kriterien ausführlich dargestellt und auf die qualitative Inhaltsangabe angewendet.

3.1 Notwendigkeit und Relevanz von Gütekriterien in der qualitativen Forschung

Mit Hilfe von Gütekriterien können Aussagen über die Wissenschaftlichkeit, die Güte und die Bedeutsamkeit von Forschungsarbeiten getroffen werden. Zudem werden sie als Maßstäbe qualitativer Bewertung beschrieben. Die Bewertungskriterien der qualitativen Forschung sind deshalb von besonderer Notwendigkeit, um der Gefahr von Beliebigkeit und Willkür zu entgehen. Die Qualität der quantitativen Forschung beurteilen bekannte Gütekriterien, wie z.B. Objektivität, Reliabilität und Validität. Diese Methoden basieren auf bestimmten Methodologien, Wissenschafts- und Erkenntnistheorien, welche aber mit den Grundannahmen qualitativer Forschung unvereinbar sind. Das Ziel hierbei ist es, eigene Kriterien für diese Ausrichtung der Forschung zu formulieren. [24]

Bevor bestimmte Beurteilungskriterien für die Qualität eines Forschungsprozesses herangezogen werden, können folgende Fragen betrachtet werden:

- „Wie kann man eine gute qualitative Inhaltsanalyse von einer schlechten unterscheiden?

---

[24] Vgl. Kallweit, N. (2019), S. 161

- Welche Qualitätsstandards lassen sich formulieren?
- Wie sollte ein Forschungsbericht gestaltet sein?
- Was muss im Forschungsbericht dokumentiert werden und was gehört in den Anhang?
- Wie sollte man aus dem erhobenen Material zitieren?"[25]

Zusammenfassend stellt sich die Frage: „Welche Standards und Gütekriterien existieren für die qualitative Forschung?"

Die Wissenschaft vertritt drei unterschiedliche Aufgaben, welche diesbezüglich relevant sind.

- **„Ablehnung jeglicher Kriterien"**: Die Ansicht, dass es generell nicht möglich ist, Gütekriterien in der qualitativen Forschung zur Beurteilung zu formulieren und deshalb werden jegliche Kriterien abgelehnt.
- **„Quantitative Kriterien, wie Objektivität, Reliabilität und Validität sind in modifizierter Form geeignete Kriterien für qualitative Forschung"**: Dieser Ansicht folgend sind durch geeignete Anpassung die o.g. klassischen Gütekriterien aus der quantitativen auf die qualitative Forschung übertragbar."
- **„Entwicklung neuer Kriterien"**: Andere Vertreter wiederum lehnen die Übertragung der klassischen Gütekriterien auf die qualitative Forschung ab. Bevorzugt werden Kriterien auf wissenschaftstheoretischer Basis in der qualitativen Forschung. D.h. die Übertragung der klassischen Kriterien der quantitativen Forschung auf die qualitative Forschung wird entschieden abgelehnt.[26]

Die Offenheit und ihr interpretativer Charakter ist das zentrale Merkmal der qualitativen Forschung. Hingegen fordern empirische Untersuchungen verlässliche Ergebnisse, welche von der Subjektivität nicht beeinflusst werden.[27] In der Wissenschaft werden allerdings mehrere Gütekriterien auf die qualitative Forschung bezogen. Steinke, Lincoln, Guba sowie Mayring zählen Gütekriterien wie Verfahrensdokumentation, argumentative Interpretationsabsicherung, Nähe zum Gegenstand, Regelgeleitetheit, kommunikative Validierung und

---

[25] Vgl. Kuckarzt, U. (2014), S. 165
[26] Vgl. Ornau, F. (2015), S. 73
[27] Vgl. Berger-Grabner, D. (2016), S. 129

Triangulation dazu. Andererseits beruft sich Steinke auf andere Kriterien wie intersubjektive Nachvollziehbarkeit, Indikation des Forschungsprozesses, Empirische Verankerung, Limitation, Reflektierte Subjektivität, Kohärenz und Relevanz. Lincoln und Guba schlagen eher Gütekriterien vor, welche an die klassischen Gütekriterien aus der quantitativen Forschung angelehnt sind. [28]

Gütekriterien quantitativer Forschung	Gütekriterien qualitativer Forschung nach Lincoln und Guba
Reliabilität	Verlässlichkeit
Objektivität	Nachvollziehbarkeit/Bestätigbarkeit
Interne Validität	Glaubwürdigkeit
Externe Validität	Übertragbarkeit

Abbildung 2: Gütekriterien in quantitativer und qualitativer Forschung

(Quelle: Eigene Darstellung in Anlehnung an Lincoln, Y.S./Guba, E.G. (1985))

3.2 Vier Gütekriterien

Nun werden vier relevante Gütekriterien ausführlich dargestellt, welche man auf eine qualitative Inhaltsangabe als mögliches Auswertungstool anwenden könnte.

In der qualitativen Forschung stellt die **Verfahrensdokumentation** eine durchgehende und lückenlose Dokumentation dar. Denn selbst das schönste Ergebnis ist wissenschaftlich wertlos, wenn das Verfahren nicht dokumentiert wurde. Das Vorgehen in der qualitativ orientierten Forschung ist im Gegensatz zur quantitativen Forschung viel spezifischer auf den jeweiligen Gegenstand bezogen. Es wurde explizit dafür entwickelt und bedient sich differenzierter Methoden. Um eine Nachvollziehbarkeit für andere herzustellen, muss bis ins

---

[28] Vgl. Ornau, F. (2015), S. 74

Detail dokumentiert werden. Dies betrifft die Explikation des Vorverständnisses, die Zusammenstellung des Analyseinstrumentariums sowie die Durchführung und Auswertung der Datenerhebung.[29]

Das Kriterium **Argumentative Interpretationsabsicherung** spielt in qualitativ orientierten Ansätzen eine bedeutende Rolle. Interpretationen lassen sich nicht wie Rechenoperationen nachweisen und nachrechnen. Nichtdestotrotz muss sich eine Qualitätseinschätzung besonders auf interpretative Teile richten. Des Weiteren müssen sie argumentativ zu begründen sein und kritisch hinterfragt werden. Interpretationen sind durch ein bestehendes Vorwissen möglich, welche begründet werden können und stringent sind. Schließlich ist es wichtig, nach Alternativdeutungen zu suchen und diese zu überprüfen, was ein wichtiges Element bei der Geltungsbegründung ist.[30]

Bei der **Triangulation** kann die Qualität der Forschung durch die Verbindung mehrerer Analysevorgänge vergrößert werden. Dabei können verschiedene Datenquellen, Interpreten, Methoden oder Theorieansätze herangezogen werden. Hierbei versucht man für die Fragestellung unterschiedliche Lösungswege zu entwerfen und die Ergebnisse zu vergleichen. Ziel soll nicht sein, eine völlige Übereinstimmung zu erreichen. Hier werden eher die Ergebnisse aus unterschiedlichen Perspektiven gesehen und verglichen und dabei können die Stärken und Schwächen der jeweiligen Analysewege aufgezeigt werden. Vergleiche der quantitativen und qualitativen Analyse sind natürlich sinnvoll.[31]

Die qualitative Forschung benötigt zudem Regeln, die keine genauen Grenzen aufweisen. Bei **Regelgeleitetheit** handelt es sich um Offenheit gegenüber dem zu untersuchenden Gegenstand sowie eine Abwandlung von im Voraus geplanter Analyseschritten, welche unwillkürlich erfolgen sollte. Strukturierungsmodelle helfen bei der Umsetzung, welche schrittweise und aufeinanderfolgend erfolgen sollte. Der Analyseprozess wird in seine einzelnen Schritte zerlegt und kann das Vorgehen somit sichern.[32]

---

[29] Vgl. Mayring, P. (1990), S. 110
[30] Vgl. Mayring, P. (1990), S. 110
[31] Vgl. Mayring, P. (1990), S. 112
[32] Vgl. Mayring, P. (1990), S. 110-111

3.3 Anwendung auf die qualitative Inhaltsangabe

Ziel der qualitativen Inhaltsanalyse ist es, „[...] Texte und anderes Kommunikationsmaterial detailliert auszuwerten und damit ein Forschungsinteresse zu beantworten. Es geht bei der qualitativen Inhaltsanalyse darum, anhand eher weniger Texte neue theoretische Überlegungen im Bereich einer Forschungsfrage aufzustellen. Besonders wichtig ist dabei, dass die Forschungsfrage genauestens formuliert ist, denn an ihr macht man seine Vorgehensweise für die qualitative Inhaltsangabe fest."[33]

Die qualitative Inhaltsangabe fungiert als Kategoriensystem und bildet die Basis einer zusammenfassenden Deutung des Forschungsmaterials. Dabei bildet Mayring drei Schritte: Die zusammenfassende Inhaltsangabe, die explizierende Inhaltsangabe und die strukturierende Inhaltsangabe.[34] Konzipierte Ablaufmodelle der qualitativen Inhaltsangabe erleichtern die Systematisierung und erbringen nachvollziehbare und messbare Ergebnisse. Eine individuelle Gestaltung des Forschungsprozesses ermöglicht das Kategoriensystem. Zudem kann die Anwendung der Gütekriterien variabel durch die Unterstützung der Regelgeleitetheit variabel eingesetzt werden.[35]

Der Mix von Theorien, Datenquellen und Methoden wird als „Mixed Methods" bezeichnet. Die verschiedenen Perspektiven erhöhen die Verallgemeinerbarkeit. Es ist eine Variante der Triangulation, bei der die Kombination von qualitativen und quantitativen Methoden ein zentrales Merkmal ist, wobei die qualitative Forschung im Vergleich zur quantitativen Forschung detaillierte Ergebnisse liefert. Zudem unterstützt die Triangulation die Qualitätssicherung qualitativer Forschung, so dass Ergebnisse durch eine bestimmte Methode, Datensorte oder Theorie überprüft werden. Die Forschung qualitativer und quantitativer Art sollen verbunden und vergleichbar gemacht werden.[36]

Ziel der Verfahrensdokumentation ist der transparente Forschungsprozess und die Nachvollziehbarkeit dritter. Die lückenlose Dokumentation ist unverzichtbar

---

[33] Vgl. Pfeiffer, F. (2020)
[34] Vgl. Bortz, J./Döring, N. (2003), S. 332
[35] Vgl. Mayrin, P. (2016), S. 468-471
[36] Vgl. Ornau, F. (2014), S. 78

für die jederzeit gewährleistete Transparenz. Auch für die Befragten wird der Forschungsgegenstand verständlicher dargestellt.[37]

Die argumentativ begründeten Interpretationen entstehen im Verlauf des Forschungsprozesses und werden im Rahmen der qualitativen Inhaltsanalyse als argumentative Interpretationsabsicherung gesehen.[38]

Die argumentative Interpretationsabsicherung sowie die Festlegung der Analyseschritte werden von der Regelgeleitetheit gesichert. Eine Interviewerkennung kann durch die Vereinfachung der einzelnen Analyseschritte erfolgen. Auch andere Interviews haben erkennbare Strukturen, welche die Anwendung und Vereinfachung vergleichen.[39]

Abschließend kann gesagt werden, dass es bedeutsam ist, das Vorgehen bei der qualitativen Inhaltsanalyse offenzulegen und mit Blick auf die intersubjektive Nachvollziehbarkeit diese kritisch zu hinterfragen.[40]

---

[37] Vgl. Mayring, P. (2016), S. 144-145
[38] Vgl. Mayring, P. (2016), S. 145
[39] Vgl. Mayring, P. (2016), S. 145-146
[40] Vgl. Ornau, F. (2015), S. 79

Anhang zu Aufgabe A1

Interviewleitfaden zur Ermittlung der Unternehmensreputation der KKH in München.

1. Begrüßung und Einleitung

Guten Tag Frau/Herr _____

Ich möchte Sie recht herzlich zu diesem Interview begrüßen und bedanke mich, dass Sie sich Zeit für meine Fragen nehmen. Bevor wir starten, möchte ich mich Ihnen noch kurz vorstellen und Sie über den Ablauf der Befragung informieren.

Mein Name ist Julian Kornelli, ich bin 23 Jahre alt und studiere derzeit an der SRH-Fernhochschule Riedlingen den Bachelor-Studiengang Betriebswirtschaft und Management. Im Rahmen des Studienmoduls „Wissenschaftliches Arbeiten – Vertiefung" darf ich mich mit dem Konstrukt der „Unternehmensreputation" beschäftigen. Diese Untersuchung wird für die Kaufmännische Krankenkasse durchgeführt. Mit Ihrer Hilfe möchte ich in diesem Gespräch herausfinden, was die Reputation der KKH ausmacht und Ihre Einschätzung zur KKH kennenlernen. Das Interview wird sowohl mit Kunden, als auch mit Mitarbeitern und Klienten durchgeführt.

Das Interview wird ca. 50 bis 70 Minuten dauern. Damit die Auswertung im Nachhinein genauer erfolgen kann, nehme ich das Interview auf. Hierdurch kann ich mich während des Interviews vollständig auf die Befragung konzentrieren und das Gespräch muss nicht unterbrochen werden. Dafür möchte ich Sie um Erlaubnis bitte. Selbstverständlich werden die Daten absolut vertraulich und anonymisiert behandelt.

Während des Interviews werde ich Ihnen offene Fragen stellen und möchte Sie bitten, alles Wichtige und Relevante mir mitzuteilen. Die Antworten, die Sie mir geben, werden nicht gewertet und ich werde Sie nicht unterbrechen. Falls eine unklare Fragestellung besteht, stehe ich Ihnen jederzeit für Rückfragen zur Verfügung. Auch wenn eine Frage unangemessen ist, teilen Sie mir das bitte mit.

Zu Beginn werde ich ein paar formale Daten aufnehmen und ich würde Sie bitten, zum Schluss meine vorbereitete Einverständniserklärung zu unterzeichnen.

Haben Sie soweit schon Fragen? Ansonsten können wir gerne mit der Befragung starten.

2. Formaler Teil

Vorname: _____

Nachname: _____

Geschlecht: _____

Geburtsdatum: _____

Ort, Datum: _____

Beginn: _____

Ende: _____

3. Einführende Fragen

- Wie lange kennen Sie die KKH schon?
- Was für ein Verhältnis haben Sie mit ihr?
  - Kunde/Mitarbeiter/Klient

4. Dimension funktionale Reputation

- Wie bewerten Sie die Produkt- und Dienstleistungsqualität der KKH?
  - Hilfe der Mitarbeiter/Erreichbarkeit/ Bearbeitungsdauer
- Wie finden Sie das Preis-Leistungsverhältnis?
- Wie bewerten Sie die Managementqualität bzw. Kompetenz der Führung?
- Wie leistungsfähig ist die KKH und werden laufend neue Dienstleistungen angeboten?
- Geht die KKH auf Kundenwünsche ein?

- Wie schätzen Sie die wirtschaftliche Stabilität des Unternehmens ein?

5. Dimension soziale Reputation

- Wie würden Sie das Engagement der Mitarbeiter einschätzen?
- Finden Sie, dass die Mitarbeiter genügend Qualifikationen besitzen?
- Wie sehr schaut das Unternehmen auf den sozialen Standard?
  - o Einhaltung von Menschenrechten
  - o Wohlergehen der Mitarbeiter/Klienten
- Wie schätzen Sie den Umgang der Mitarbeiter mit den Klienten ein?
- Wie empfinden Sie die Atmosphäre in der KKH?
- Wie umweltfreundlich ist das Unternehmen?

6. Dimension expressive Reputation

- Wie sympathisch ist Ihnen die KKH?
- Wie wohl fühlen Sie sich, wenn Sie mit der KKH zu tun haben?
- Wie finden Sie die Unternehmensphilosophie?
- Wie wirkt das Unternehmen auf Sie?
- Denken Sie, die KKH will nur das Beste für ihre Klienten/Kunden/Mitarbeiter?
- Wie fasziniert sind Sie von den angebotenen Dienstleistungen?
- Würden Sie die KKH als Versicherungsunternehmen weiterempfehlen?

7. Schluss

Nun sind Wir am Ende des Interviews angelangt. Haben Sie noch Aspekte oder Fragen, die noch nicht angesprochen worden sind und die Sie gerne noch anführen würden? Falls Sie die Forschungsergebnisse haben wollen, lassen Sie es mich bitte wissen und ich werde diese Ihnen zukommen lassen.

Zum Abschluss bitte ich Sie nun die Einverständniserklärung zu unterschreiben.

Ich bedanke mich bei Ihnen für Ihre Zeit und das offene Gespräch und wünsche Ihnen noch einen schönen Tag.

8. Einverständniserklärung

Hiermit erkläre ich,

Vorname: _____

Name: _____

Geburtsdatum: _____

dass ich damit einverstanden bin, dass das mit mir am _____ (Datum) von Herrn Kornelli geführte Interview auf Tonband aufgezeichnet und transkribiert werden darf, um dieses für den angegebenen Forschungszweck zu nutzen.

Im Rahmen der Studienarbeit „Wissenschaftliches Arbeiten – Vertiefung" findet die Veröffentlichung der Forschungsergebnisse ausschließlich in anonymisierter Form statt. Es wird zugesichert, dass die personenbezogenen Daten nicht an Dritte weitergeleitet werden und unmittelbar nach der Verarbeitung vollständig gelöscht werden.

Über den Schutz meiner Daten wurde ich schriftlich und mündlich informiert.

_____   _____

Ort, Datum   Unterschrift

Literaturverzeichnis

Berger-Grabner, D. (2016). Wissenschaftliches Arbeiten in den Wirtschafts- und Sozialwissenschaften. Hilfreiche Tipps und praktische Beispiele, 3. Aufl., Wiesbaden

Bettenhausen, M. (2020). Gruppeninterview. Zugriff am 26.01.21, Verfügbar unter https://bewerbung.net/gruppeninterview/

Bortz, J./Döring, N. (2003). Forschungsmethoden und Evaluation für Human- und Sozialwissenschaftler, 3. Aufl., Heidelberg

Brosius, H.-B./Haas, A./Koschel, F. (2012), Methoden der empirischen Kommunikationsforschung. Eine Einführung, 6. Aufl., Wiesbaden

Eisenegger, M. (2005). Reputation in der Mediengesellschaft, Wiesbaden

Feidel, M. (2019). Gruppeninterviews. Zugriff am 26.01.21, Verfügbar unter https://www.mentorium.de/gruppeninterview/

Fleig, Dr. J. (2016). Stakeholder erkennen und analysieren. Zugriff am 19.01.21, Verfügbar unter https://www.business-wissen.de/hb/was-sind-stakeholder-und-was-bedeutet-der-stakeholder-ansatz/

Foerster, B. (2016). Gruppendiskussion. Zugriff am 28.01.21, Verfügbar unter https://www.marketinginstitut.biz/blog/gruppendiskussion/

Ivens, S. (2018). Unternehmensreputation im digitalen Zeitalter, Koblenz-Landau

Kallweit, N. (2019). Kindliches Erleben von Krieg und Frieden, Wiesbaden

KKH Kaufmännische Krankenkasse – Kurzporträt. Zugriff am 20.01.21, Verfügbar unter https://www.kkh.de/unternehmen/kurzportraet

Kukarzt, U. (2014). Qualitative Inhaltsanalyse: Methoden, Praxis, Computerunterstützung, 2. Aufl., Weinheim/Basel

Lehmann, G. (2004). Das Interview. Erheben von Fakten und Meinungen im Unternehmen, 2. Aufl., Renningen.

Mayring, P. (1990). Einführung in die qualitative Sozialforschung, Weinheim

Mayring, P. (2016). Einführung in die qualitative Sozialforschung- Eine Anleitung zu qualitativem Denken, 6. Aufl., Weinheim/Basel

Mey, Prof. Dr. G./Vock, R./Ruppel, P.-S. Gruppendiskussion. Zugriff am 28.01.21, Verfügbar unter https://studi-lektor.de/tipps/qualitative-forschung/gruppendiskussion.html#anwendung

Misoch, S. (2015). Qualitative Interviews, De Gruyter Oldenbourg, Berlin, München, Boston

Misoch, S. (2019). Qualitative Interviews, 2. Aufl., Berlin/Boston

Ornau, Prof. Dr. F. (2015). Studienbrief der SRH Fernhochschule – Inhaltsanalyse,1. Aufl., Riedlingen

Petrucci, M., Wirtz, M. (2007). Sampling und Stichprobe. Zugriff am 20.01.21, Verfügbar unter https://quasus.ph-freiburg.de/sampling-und-stichprobe/

Pfeiffer, F. (2020). Die qualitative Inhaltsangabe nach Mayring für die Bachelorarbeit nutzen. Zugriff am 04.02.21, Verfügbar unter https://www.scribbr.de/methodik/qualitative-inhaltsanalyse/

Reinhardt, Prof. Dr. R., Ornau, Prof. Dr. F., Tennert, Prof. Dr. F (2020). Interviewtechnik – Studienbrief der SRH Fernhochschule, 3. Aufl., Riedlingen

WirtschaftsWoche – Reputationsforscher Eisenegger im Interview (2008). Zugriff am 18.01.21, Verfügbar unter https://www.wiwo.de/erfolg/reputationsforscher-eisenegger-im-interview-die-sozialreputation-ist-ein-minenfeld/5349806.html

Zeit für die Schule – richtig Interviews führen (2021). Zugriff am 19.01.21, Verfügbar unter https://service.zeit.de/schule/medienwissen/interviews-fuehren-erfahren-was-man-wissen-will/